I0213547

Let's Ride a Texas Horse

Montemos un Caballo Tejano

Pat Eytcheson Taylor

CATCH A WINNER PUBLISHING, San Antonio, Texas

Library of Congress Catalogue-in-Publication Date
Taylor Eytcheson, Pat
Let's Ride A Texas Horse / Pat Eytcheson Taylor -2nd ed
p. cm
Includes bibliographical references
ISBN 978 157-168354-0

1 Horses-United States History-Juvenile literature.
2. Horses-Texas History-Juvenile literature (1 Horses -) History
1. Title
SF284.U5 E98 2019
636.1'00973-dc21

Second Edition copyright 2019
by Patricia Eytcheson Taylor
Published in the United States of America
by Catch A Winner Publishing
102 Cherokee Lane,
San Antonio, Texas 78232
email:jamesctaylor22@gmail.com

ISBN 978-157-168354-0

Montemos un Caballo Tejano
Pat Eytcheson Taylor
Publicado por 'Catch a Winner'
San Antonio, Texas
Fecha de publicación-Catálogo de Biblioteca del Congreso
Taylor Eytcheson, Pat
Montemos un Caballo Tejano/Pat Eytcheson Taylor-2nda ed.
p. cm Incluye referencias bibliográficas
ISBN 978 157-168354-0

1. Horses-United States History-Juvenile literature.
2. Horses-Texas History-Juvenile literature (1 Horses) History 1.
Título SF284.U5 E 98 2019 636.1 '00973-dc21
Segunda edición Derechos de autor 2019 por Patricia Eytcheson Taylor
Publicado en Los Estados Unidos Americanos por
Catch a Winner Publishing
102 Cherokee Lane
San Antonio, Texas 78232
email-jamesctaylor22@gmail.com

ISBN 978-157-168354-0

Dream Horses

By Virginia May Bennack

Galloping horses
Fill my dreams:
Palominos,
Albinos and creams;

Roans and pintos,
Chestnuts and greys,
Appaloosas,
Sorrels and bays;

Prancing and dancing,
They come at night;
When the stars are out,
and the moon is bright;

Dream horses galloping,
Wild and free;
Come snorting, come shying,
Come flying to me.

Caballos de Sueños

por Virginia May Bennack

Caballos galopando
Llenan mis sueños:
Palominos,
Albinos y color crema;

Ruanos y pintos,
Castaños y gris,
Appaloosas,
Alazanes y bayos;

Haciendo cabriolas y bailando,
Vienen por la noche;
Cuando salen las estrellas,
y la luna está brillante;

Caballos de sueños galopando,
Salvajes y libres; Vienen dando bufido,
Vienen volando hacia mí.

IN LOVING MEMORY OF MY HUSBAND, JOHN

My love and appreciation go out to those who made this book possible:
Maria Zambrano - Translator from English to Spanish
Chaplain James Taylor
Don K. Savelle - Children's Librarian John Pierre Cuello

EN MEMORIA DE MI ESPOSO, JOHN

Mi cariño y agradecimiento a los que han hecho posible este libro:
María Zambrano-traductora del inglés al español
Capellán James Taylor
Don K. Savelle-Bibliotecario de niños John Pierre Cuello

Contents

Contenidos

The Horse

"God took a handful of southerly wind,
blew his breath over it,
and created the Horse-"

-Bedouin Legend

El Caballo

"Dios tomó en la mano el viento sureño,
sopló sobre él
y creó el Caballo"

— leyenda beduina

Horses Coming to America

In 1519 Hernando Cortes brought horses to the mainland from Cuba. He had established large horse and cattle ranches in Mexico. There were thousands of horses and mules in the high plains north of Mexico City.

Two years later, Ponce De Leon brought horses into Florida, and French explorers put horses on the shores of Canada in 1541.

In 1730 Sir Walter Raleigh sent thoroughbreds from England to America. England was the birthplace of the thoroughbred horse. England's native horses were bred with three main stallions (father horses}: the Byerley Turk (1689), Darley Arabian (1704), and the Godolphin Barb Arabian (1728). These wonderful horses laid the foundation for the thoroughbred horses of today. They played an important part in the development and exploration of America.

In the sixteenth century organized horse racing began in England. Thoroughbred horses were called "Running Horses." They were the fastest and most valuable horses in racing. Horse racing was known as the "Sport of Kings." Thoroughbred horses had the greatest quality, athletic ability, mental stamina, and drive to succeed, but at times they were hard to handle.

Los caballos vienen a América

En 1519, Hernán Cortés trajo caballos de Cuba al continente. Él había establecido grandes ranchos de caballos y ganado en México. Había miles de caballos y mulas en las llanuras altas del norte de la ciudad de México.

Dos años más tarde, Ponce de Leon trajo caballos a Florida; exploradores franceses trajeron caballos a las orillas de Canadá en 1541.

En 1730 Sir Walter Raleigh mandó caballos de sangre pura de Inglaterra a América. Inglaterra era el origen de estos caballos. Los caballos nativos de Inglaterra fueron criados con tres sementales principales: el turco Byerley(1689), el árabe Darley (1704), y el árabe Barb Godolphin (1728). Estos caballos magníficos fueron el principio de caballos de sangre pura de hoy. Jugaron un papel importante en el desarrollo y la exploración de América.

En el siglo 16, carreras organizadas de caballos de sangre pura empezaron en Inglaterra. Los caballos de sangre pura se llamaban 'caballos de correr.' Eran los más rápidos y valiosos en carreras. Las carreras de caballos eran conocidas como 'el deporte de los reyes.' Los caballos de sangre pura eran de la mejor calidad, agilidad atlética, fuerza mental y el deseo del éxito, pero a veces eran difíciles de manejar.

Bulle Rock, one of the thoroughbred stallions, son of a Darley Arabian, came to America first. In 1776, 113 stallions and 73 mares sailed across the ocean bringing more of the finest thoroughbred horses to America again. They included four Derby winners, and Diomed, another great stallion, to the modern world. The Roanoke Valley and other valleys west of the Appalachian Mountains became important centers for breeding horses.

President George Washington maintained a large horse breeding farm at Mount Vernon. President Andrew Jackson not only bred horses but owned his own race track.

Janus, one of the most famous thoroughbred horses, named after a Roman god, was imported to America from England in 1752. Even though he was a thoroughbred, he had the build and lines of a quarter horse. He was later sold to quarter horse breeders. Janus was bred to the native short horses called the Chickasaws, after the Chickasaw Indians. The Indian ponies came from the stock of the mustangs or wild horses. This was done to create stronger and better horses.

Janus was the beginning of the two great American racing horses, the American Thoroughbred and the American Quarter Horse.

Bulle Rock, uno de los sementales de sangre pura, hijo del árabe Darley, vino a América primero. En 1776, 113 sementales y 73 yeguas cruzaron el mar, trayendo más de los mejores caballos de sangre pura de nuevo a América. Incluían cuatro ganadores Derby, y Diomed, otro gran semental, al mundo moderno. El Valle de Roanoke y otros valles al oeste de las Montañas Appalachian se convirtieron en grandes centros para criar caballos.

El Presidente George Washington mantenía una granja grande para criar caballos en Mount Vernon. El Presidente Andrew Jackson no tan solo criaba caballos sino también tenía pista de carreras.

Janus, uno de los caballos de sangre pura más famosos, nombrado en honor a un dios romano, fue importado a América de Inglaterra en 1752. Aunque era un caballo de sangre pura, tenía la estatura de un caballo cuarto de milla. Después fue vendido a criadores de caballos cuarto de milla. Janus fue engendrado con caballos cortos nativos llamados Chickasaws, por los indios Chickasaw. Los caballos de los indios venían de caballos salvajes o mustangos. Esto era para crear caballos más fuertes y mejores.

Janus fue el origen de dos grandes caballos americanos de carrera, el americano de sangre pura y el caballo americano cuarto de milla.

The Indian Horse and the Four Seasons

The Indians "learned to use color in many ways. They would ride a different horse for each season to avoid being seen by their enemies. In the winter, they would ride a white horse to blend in with the white snow. In the fall, they would ride a dun horse (brownish gray) against the brown prairie grass, and blue roans against the purple sagebrush background.

The spotted pinto and gray horses were the Indians' favored colors. They would change the color by smearing dye on their coats to suit their surroundings.

The Indians loved the colorful painted horses and decorated them with feathers and beads. This gave the Indians distinctive markings as they rode along the buffalo herds during the hunt and into battle. They displayed a marking on the head of the horse called a "war bonnet," or "medicine hat." A "natural shield" marking went across the chest as the warriors felt themselves invincible. Years later the painted horses found themselves in Wild West Shows with cowboys and Indians and their loud and flashy colors.

The coming of the horse changed life on the prairie. In the seventeenth century the horse became the prized possession of many Native Americans of the Great Plains. These tribes were Blackfoot, Cheyenne, Ute, Cayute, Nez Perce, Kiowa, Comanche, Apache, and Pawnee.

El caballo indio y las cuatro estaciones

Los indios aprendieron a usar los colores de muchas maneras. Montaban un caballo diferente para cada estación para evitar ser vistos por sus enemigos. En el invierno, montaban un caballo blanco para mezclarse con la nieve. En el otoño, montaban un caballo pardo en los zacatales cafés de la pradera y ruanos azules entre la artemisa morada.

Los caballos pintos y gris eran los colores favoritos de los indios. Cambiaban su color al embarrarlos de tinta para mezclarse con su alrededor.

A los indios les encantaba pintar sus caballos y decorarlos con plumas y cuentas. Esto les daba marcas distintivas al montar durante la casería de búfalo y en batalla. Mostraban las marcas en la cabeza del caballo, llamado bonete de guerra o sombrero medicinal. Una marca de escudo natural en el pecho del guerrero los hacía sentirse invencibles. Años después los caballos pintados se encontraban en shows del oeste con vaqueros e indios y sus colores brillantes.

La llegada del caballo cambió la vida en la pradera. En el siglo 17, el caballo era la posesión preciada de muchos americanos nativos en la gran pradera.

Las tribus eran Blackfoot, Cheyenne, Ute, Cayute, Nez Perce, Kiowa, Comanche, Apache y Pawnee.

The Comanche were the best horsemen, while the Cayute and Nez Perce had the greatest skill in selecting horses.

When the Colonies first formed in America, the Spaniards and Anglo Americans tried to pass laws to keep Indians from owning horses. However, it was impossible to enforce. The Spaniards called the Indians vaqueros and had them work in the stables on their ranches. There were not enough Spaniards to do the work. While the Spaniards built the missions among the Indian tribes, the Indians attacked the missions and stole the horses.

In 1900 there were more than two million wild horses roaming along the Rio Grande. These horses were the true origin of the wild herd known as the "mustangs," so called by the American settlers. These were called "mesteños" by the Spaniards. They were really the descendants of the tame horses ridden by the Spanish explorers, American Indians, and cowhands of the Old West.

Los Comanche eran los mejores jinetes, mientras los Canute y Nez Perce tenían la mayor destreza en escoger caballos.

Cuando las Colonias se formaron al principio en América, los españoles y los anglo-americanos trataron de hacer leyes para evitar que los indios tuvieran caballos. Pero les fue imposible impedir esto. Los españoles llamaban a los indios vaqueros y los ocupaban para trabajar en los establos de sus ranchos. No había suficientes españoles para hacer el trabajo. Mientras los españoles construían misiones entre las tribus indígenas, los indios atacaban las misiones y robaban los caballos.

En 1900 había más de dos millones caballos salvajes vagando por el Rio Grande. Estos caballos eran el verdadero origen de la manada conocida como mustangos; así los llamaban los pioneros americanos. Estos eran conocidos como mesteños por los españoles. En realidad, eran descendientes de caballos mansos cabalgados por exploradores españoles, indios americanos y vaqueros del viejo oeste.

Mustang horses were brought to America by the Spanish in the sixteenth century. They were placed on ranches, but drifted away and became wild. Mustangs were hardy and fast. They lived in Texas and surrounding areas in the days where an individual was molded by his environ ment. The mustang developed self-reliance, endurance, and the ability to live off the land. They roamed over the Texas land with mesquite grass and huijillo to eat. During the drought season, the horses survived by eating the beans from the mesquite trees.

The Indians learned quickly how to ride and train these horses. Capturing wild horses was more fun than trading them. But sometimes stealing horses from each other was rewarded by being honored or winning a badge.

Los caballos mustangos fueron traídos a América por los españoles en el siglo dieciséis. Fueron traídos a los ranchos pero se alejaron y se convirtieron en salvajes. Los mustangos eran fuertes y rápidos. Vivían en Tejas y áreas circundantes en los días cuando un individuo era formado por su ambiente. Los mustangos desarrollaron auto suficiencia, resistencia y la habilidad de vivir de la tierra. Vagaban sobre la tierra tejana con zacate de mesquite y huijillo para comer. Durante la época de sequía, los caballos sobrevivían comiendo los mesquites de los árboles.

Los indios aprendieron rápidamente como montar y entrenar los caballos. Capturar caballos salvajes era más divertido que su compraventa. Pero a veces robar caballos los unos de los otros era premiado con honores o ganando distintivos.

AL MARTIN
NAPOLETANO

The Indians selected horses for different jobs. The poorest quality horse was used as a pack horse. The ordinary riding and young horses in training were ridden around the Indian camps, setting up and visiting other villages. The most important and valuable horses were the buffalo horse and the war horse, which Indian warriors depended upon. The buffalo and war horses were guarded day and night for fear of being stolen by other Indian tribes.

An Indian might trade off his bow, arrows, gun, buffalo robes, teepee, wife or daughter, but no Indian of the plains has ever been known to trade, sell, or barter his favorite war pony. If a warrior was offered a handsome price for his buffalo or war pony, he could not part from him because he loved him so much.

Young Indian boys would drive a band of young horses into a river to gentle them by jumping from back to back and petting them as they went. Talking to them eased the horses' fears.

The wealth of a Comanche depended upon how many horses he owned. Some owned as many as a thousand horses at one time.

Sometimes an Indian bride received a horse as a wedding gift. And some times, when a warrior was killed in battle, his horse was buried with him.

Having horses made life easier for the Native Americans. In the past they would walk for miles and miles to find a herd of buffalo. Buffalos meant everything to them, providing their food, clothing, skins, teepees, and bedding. The bones and horns were made into tools, utensils, and weapons.

Indians became expert horsemen in riding bareback. They guided their mounts by shifting their weight from side to side and using knee pressure. They used both hands to shoot their bows and arrows while galloping at a speed of 30 to 40 miles per hour.

Indian boys had to learn young to fight and survive when fighting soldiers. They developed a reputation as the world's best cavalrymen.

Los indios seleccionaban caballos para diversos trabajos. Los caballos ordinarios de montar y los jóvenes siendo entrenados cabalgaban por los campos de los indios, construyendo y visitando otras aldeas. Los caballos más importantes y valiosos eran los caballo búfalo y de guerra; los indios guerreros dependían de ellos. Estos caballos eran vigilados día y noche por miedo a que fueran robados por otras tribus.

Un indio podía intercambiar su arco, sus flechas, su pistola, sus capas de búfalo, su carpa, esposa o hija, pero nunca se ha sabido que algún indio haya intercambiado o vendido su caballo favorito de guerra. Si un guerrero recibía una buena oferta por un caballo búfalo o de guerra, no podía separarse de él porque lo amaba mucho.

Los indios chicos manejaban una banda de caballos jóvenes al río suavemente brincando de lomo en lomo y acariciándolos mientras los llevaban. Hablar con los caballos disminuía su miedo.

La riqueza de un Comanche dependía del número de caballos que tenía. Algunos tenían hasta mil a la vez.

A veces una novia india recibía un caballo como regalo de bodas. Y a veces cuando un guerrero moría en batalla, su caballo era sepultado con él.

Tener caballos hacía la vida de los nativos americanos más fácil. En el pasado, ellos caminaban por millas y millas para encontrar una manada de búfalo. Los búfalos significaban todo.. p.8 para ellos. Les proveían comida, ropa, pieles, casas, y lechos. Los huesos y cuernos se usaban para hacer herramienta, utensilios, y armas.

Los indios eran caballeros expertos en montar en pelo. Guiaban sus caballos alternando su peso de lado a lado al poner presión con su rodilla. Usaban ambas manos para tirar flechas de sus arcos mientras galopaban a velocidades de treinta a cuarenta millas por hora.

Los indios chicos tenían que aprender de jóvenes a pelear y sobrevivir al combatir los soldados. Desarrollaron una reputación como los mejores hombres de caballería del mundo.

A Prince of a Horse

In 1874 Chester Evans, a twelve-year-old boy, bought a bald-faced strawberry roan colt for $18 and named it Prince. Chester wanted to be a cowboy more than anything in the world. He had developed lung fever, which almost killed him, so his dad consented to let him join his uncle in Dodge City and become a cowboy. His uncle took Chester out to the Smoky Hill headquarters on the Cheyenne Creek, named after the Cheyenne Indians.

One morning Indian Chief Dull Knife stirred up the Cheyenne, and word had to get to Fort Monument on Smoky Hill, eighteen miles away. Chester was picked to make the run.

He led Prince into the canyon and up on the flats, running at full speed. The Cheyenne cut across to stop Chester and Prince. Prince ran for several miles before the Indians could shoot at them. When an arrow struck Prince in the shoulder, Chester pulled out the arrow and stuck his thumb in the hole to stop the bleeding. Then Chester received an arrow in his leg. He pulled his thumb out of Prince's shoulder as the bleeding had stopped. Three more arrows hit him and Prince, but they made it to the fort.

En 1874 Chester Evans, un niño de doce años compró un ruano potro rojizo por $18.00 y lo nombró Príncipe. Chester quería ser vaquero más que nada. Había desarrollado fiebre del pulmón que casi lo mata y su padre consintió dejarlo con su tío en la ciudad de Dodge para convertirse en vaquero. Su tío llevó a Chester a la sede de Smoky Hill en Cheyenne Creek llamado así por los Indios Cheyenne.

Una mañana el jefe de los indios, ,Dull Knife, alborotó a los Cheyenne y tenían que ir a Fort Monument en Smoky Hill a unas dieciocho millas de distancia. Chester fue escogido para hacerlo.

Dirigió a Prince al cañón y hacia los planos corriendo a toda velocidad. Los Cheyenne cruzaron por encima para parar a Chester y a Prince. Prince corrió por varias millas antes de que los indios les tiraran. Cuando una flecha le dio a Prince en la paleta, Chester le sacó la flecha y le metió el dedo gordo para parar la sangre. Luego Chester recibió una flecha en la pierna. Sacó el dedo gordo de la paleta de Prince puesto que la herida había dejado de sangrar. Recibieron tres flechazos más pero regresaron al fuerte.

Art by Mark Mitchell

Prince disliked Indians after this adventure. He could smell them as far away as he could smell water. When Indians came to town, Prince knew. He began to snort and paw the ground like a wild bull.

Through the years Chester and Prince saved each other's life many times. There were raging prairie brush fires and snow blizzards to fight. During one spring, Prince slipped and fell in the mud, causing Chester to break his leg. But Prince stayed by his side until Chester could mount and lay across the saddle while Prince carried him nine miles back to the ranch.

Chester worked other horses on the ranch, but Prince was right there for him, day and night.

One day an old fallen shed pinned Prince to the ground. Chester knew the end had come for Prince. He comforted him on a bed of bluegrass and stayed with him through the days and nights.

Prince had been Chester's constant companion and friend during his whole life. No man could have had a truer friend. Prince passed away at the age of thirty-eight, never to be forgotten.

A Prince le disgustaban los indios después de esta aventura. Podía olerlos desde lejos; igual como oler el agua. Cuando los indios venían al pueblo, Prince lo sabía. Empezaba a patear el suelo como un toro bravo.

A través de los años, Chester y Prince salvaron las vidas el uno del otro. Había que combatir incendios y ventiscas. Una primavera, Prince se resbaló y cayó en el lodo; Chester se rompió la pierna a consecuencia. Pero Prince se quedó a su lado hasta que Chester pudo montar y lo llevó al rancho que estaba a nueve millas.

Chester trabajaba con otros caballos en el rancho, pero Prince siempre estaba a su lado, día y noche.

Un día, un cobertizo se cayó y atrapó a Prince en el suelo. Chester sabía que el fin había llegado para Prince. Lo confortó en el lecho de zacate y se quedó con él por días y noches.

Prince había sido el compañero constante y amigo por toda su vida. Ningún hombre pudo haber tenido mejor amigo. Prince había muerto a la edad de treinta y ocho para nunca ser olvidado.

The Cowboy and the Quarter Horse

Deep in the heart of every Texas cowboy and cowgirl lives the love and companionship they feel for the quarter horse. Cowboys and cowgirls are known as an inseparable pair with their horses in American history.

Thoroughbred horses from England gave the quarter horse speed and conformation. The Galloway stock from Scotland gave the quarter horse its compact ruggedness. The Spanish blood from the Chickasaw and Indian ponies gave the quarter horses the stocky bodies to move quickly.

Because of this foundation, the quarter horse has become the greatest utility and riding horse. Quarter horses are known for their even temper, gentle disposition, strong, sure footed and speed in racing. A quick instinct when working with cattle, roping, being a show horse or family horse.

There are different breeds of horses in Texas, but the quarter horse is the most popular and out standing horse of all. He is dependable. He can live off the range, by eating brush and wild grass for his food. He can be easily be trained and can stand the hard work that is required of him. Because of such strength, he can carry heavy loads over the long plains. The quarter horse never shows laziness, but does a day's work for his master. A cowboy could ask for nothing more.

In the 1800s the quarter horse found his home in Texas. When the wild and crazy longhorn cattle drifted away from the Mexican ranches and spread over the land, the wild mustangs, owned by the Mexicans and Indians, were too small to handle the strong and wild longhorns. The quarter horse proved, with his out standing speed and quickness, to be the horse to work with cattle.

El vaquero y el caballo cuarto de milla

En el mero corazón de cada vaquero tejano vive el amor y compañerismo que siente por un caballo cuarto de milla. Los vaqueros y las vaqueras son inseparables de sus caballos en la historia de América.

Los caballos de sangre pura de Inglaterra le dieron al caballo cuarto de milla su velocidad y conformación. El vacuno Galloway, de Escocia, dio al caballo cuarto de milla su robustez compacta. La sangre española de los caballos de los Chickasaw les dieron los cuerpos compactos para moverse rápidamente.

Por dicho fundamento, el caballo cuarto de milla se ha convertido en el mejor. Los caballos cuarto de milla son conocidos por su buen temperamento y gentil disposición, fuerza, pie firme y velocidad en carreras. Su instinto veloz al trabajar con ganado, con cuerdas, en desfiles de caballos o con la familia.

Hay diferentes razas de caballos en Texas, pero el caballo cuarto de milla es el más popular y sobresaliente de todos. Se puede depender de él. Puede vivir del campo, comiendo zacate montés para mantenerse. Puede ser entrenado y aguantar el trabajo que le es requerido. Por esta fuerza puede llevar cargas pesadas por los planos lejanos. El caballo cuarto de milla nunca muestra pereza, pero sí hace el trabajo para su dueño. Un vaquero no podría pedir más.

En los años 1800, el caballo cuarto de milla encontró su hogar en Texas. Cuando el ganado cuerno largo se alejó de los ranchos mexicanos y se desparramó por la tierra, los mustangos salvajes de los mexicanos y los indios eran muy pequeños para poder con la fuerza de los cuerno largos. El caballo cuarto de milla probó ser el mejor para trabajar el ganado por su rapidez.

Early Texas breeders were interested in both speed and talent for cow work. They wanted a horse with a good disposition, sure-footedness, and a low center of gravity. The quarter horse had this unique conformation. He had good bones, straight legs, deep sloping hips, a short back, good withers, a feminine neck, and good head.

One of the most praised and loved quarter horses is the one trained to be a cutting horse. The title "cutting" was given to the quarter horse because of his quickness in cutting a cow from the herd. The cow desperately wants to return to the herd, but the quarter horse keeps him from it. A good horse knows what the cow is thinking at all times. As the cowboy sits tall in the saddle, his legs firm to the sides of the horse, the cowboy stays put as a sudden direction may change at any moment from the quarter horse.

This is one of the most important traits of the cutting horse-to catch or turn the cow around before he runs for miles and disappears in the brush. It is necessary for the cutting horse to weed out the old, sick, and lame cows. The cows have to be brought in to be branded on the ranch and at times be given medical attention.

Los criadores texanos estaban interesados en la velocidad y el talento para trabajar con ganado. Querían un caballo con buena disposición, seguro de pies, y con un centro de gravedad bajo. El caballo cuarto de milla tenía una conformación única. Tenía buenos huesos, patas rectas, caderas de curva lenta, un lomo corto, buenas cruces, un pescuezo femenino y una buena cabeza.

Uno de los más queridos caballos cuarto de milla es el que es entrenado para ser caballo cortador. Este título se le dio al caballo cuarto de milla por su rapidez de separar la vaca del ganado. La vaca se desespera por regresar a la manada pero el caballo se lo evita. Un buen caballo sabe lo que piensa la vaca siempre. Mientras el vaquero se sienta en la silla, sus piernas al lado del caballo, se queda quieto porque su caballo cuarto de milla puede cambiar dirección en cualquier momento.

Una de las características más importantes del caballo cortador es que pueda pescar la vaca antes de que corra muchas millas y desaparezca en los arbustos. Es necesario que el cortador separe las vacas viejas, enfermas y cojas. Las vacas tienen que ser traídas al rancho para ser marcadas o para recibir atención médica.

Not all quarter horses are good cutting horses. It takes at least two years to train a good horse in any event. A good cutting horse must learn how to move his front legs while working with the cow. It must learn to run alongside of the cow and to wheel with it without going past and turning it back to the center of the arena. The horse must dominate the cow, but not attack it by biting or striking it with his hooves.

The cowboy and the quarter horse become soul partners. They eat, sleep, and ride together on the range. They depend solely on each other to get the j9b done.

Many years ago one of the most loved and touching stories ever told was about a quarter horse trained to be a cutting horse by his partner, Sam Graves. The story begins with a sixteen-year-old boy named Sam whose love and understanding for horses during his boyhood began with his first encounter with Hub, a two-year-old bay colt.

Sam wanted his very own horse, but money in those days was scarce. To buy Hub, he had to split 2,000 post oak rails.

It was the beginning of one of the finest partnerships between a boy and horse ever known in cow country. Hub was just a colt free to roam, but Sam trained him to become an All-Around Champion Cutting Horse.

Along came Babe Arnett, another cowboy who offered to trade his fine-looking dun horse for Hub. Young Sam traded, but didn't realize what he had done until it was too late. Bud Arnett, Babe's brother, offered Sam a job on the new ranch he was managing. Sam once again was united in working with Hub. Sam had trained Hub so well his fame as a cutting horse became widely known. Bud Arnett decided to claim Hub for his very own. He continued to ride Hub until his age was showing in cutting out cows. Bud's duties on the ranch caused him to spend less time with Hub. Hub was placed out in the cedar brakes to roam and die of old age.

No todos los caballos cuarto de milla son buenos cortadores. Se lleva dos años para entrenarlos. Un buen cortador tiene que aprender cómo mover las patas delanteras al trabajar con vacas. Debe aprender cómo correr al lado de la vaca y dar vuelta sin pasarse y regresarla al centro de la arena. El caballo debe dominar la vaca sin atacarla, morderla o pegarle con las patas.

El vaquero y el caballo cuarto de milla son pareja del alma. Ellos comen, duermen y cabalgan por el llano. Dependen el uno del otro para cumplir su obra.

Hace algunos años, se contó una historia sobre un caballo cuarto de milla entrenado para ser cortador por su amo, Sam Graves. La historia empieza con un joven de diez y seis años llamado Sam cuyo amor y comprensión por los caballos durante su juventud empieza con su encuentro con Hub, un potro bayo de dos años.

Sam quería su propio caballo, pero el dinero era escaso durante estos años. Para comprar a Hub, él tenía que cortar 2000 postas.

Fue el principio de uno de las mejores camaraderías conocidas en el país ganadero entre un joven y su caballo. Hub era un potro libre, pero Sam lo entrenó para ser un campeón de caballos cortadores.

Llega Babe Arnett, otro vaquero que ofreció cambiar su caballo por Hub. Sam hizo el cambio, pero no se dio cuenta do lo que había hecho hasta que era demasiado tarde. Bud Arnett, hermano de Babe, le ofreció un trabajo a Sam en el rancho que manejaba. Sam fue unido de nuevo con Hub en el trabajo. Sam lo había entrenado tan bien que su fama como caballo cortador fue reconocida. Continuó montando a Hub hasta que la vejez se notaba al cortar las vacas. El trabajo del rancho fue la causa de que pasara menos tiempo con Hub. Hub fue echado a los campos de cedro a morir de viejo.

Several years passed. A reunion was posted for cowboys to participate in horse activities. Top money was offered, better than ever, in the cutting horse events. Sam heard about the cutting event and went to salvage Hub out of retirement. By this time Hub was a pitiful sight, but Sam fattened and patiently retrained Hub in cow work that he had done so expertly as a young colt.

A crowd of 15,000 people appeared to see the unthinkable task and unsinkable cutting horse come out of retirement at the old age of twenty-two to per form once again. Hub had come back almost from his grave to thrill the great throng of horse lovers. Hub was the star attraction that day. Not one of the twelve riders and horses could touch the skill and partnership that Sam and Hub had for each other when working together. There was no doubt who was to receive the prize money as the mass of cheering spectators stood up when Sam and Hub performed. The president of the cowboy reunion asked Sam to remove the bridle from Hub and let him perform in cutting a heifer out of a herd. The crowd roared. The old horse had been turned out to die, but he had his final day of triumph.

Sam Graves gave half of his prize money to keep Hub, the champion cutting horse, in oats for the remaining years of his life. The memories of Sam and Hub live on forever in Texas.

There are many wonderful ways to train a quarter horse. Whether he is a cutting horse, roping horse, racing horse, or just a family horse, the quarter horse will do his best in the field you choose for him.

When visiting a Quarter Horse Show you will see many different events being performed by quarter horses. Some of these events are working cow horses, reining, western pleasure, barrel racing, pole bending, trail riding, calf roping, steer roping, and cutting. The list of events goes on and on for the quarter horse.

Pasaron los años. Se anunció una reunión de vaqueros para participar en actividades de caballos. Se ofreció una buena cantidad de dinero, mejor que nunca, para eventos de caballo cortador. Sam supo del evento y fue a sacar a Hub donde estaba retirado. Para entonces, Hub se veía horrible, pero Sam lo engordó y lo retuvo pacientemente trabajando con ganado; aquí lo había desempeñado super bien cuando era un potro.

Una multitud de 15,000 personas fueron a ver la obra inconcebible e insumergible de un caballo cortador sacado del retiro a la edad de 22 años para competir de nuevo. Había salido casi de su tumba para deleitar a los gran aficionados de caballos. Hub era la gran atracción estelar del día. Ninguno de los doce montadores y caballos podían igualar la destreza y camaradería de Sam y Hub al trabajar juntos. No cabía duda de quién recibiría el premio al ver a los aficionados aplaudir y pararse al ver a Sam y Hub competir. El presidente de la reunión le pidió a Sam que le quitara la brida y lo dejara cortar a una novilla de la manada. La gente gritaba de emoción. El caballo viejo se había retirado para morir pero había tenido su último día de triunfo.

Sam Graves dio la mitad del dinero apremiado para quedarse con Hub, el caballo cortador campeón, por los últimos años de su vida. Las memorias de Sam y Hub vivirán para siempre en Texas.

Hay muchos maneras buenas de entrenar a un caballo cuarto de milla. Si es un caballo cuarto de milla, de carrera, o simplemente de familia, el caballo cuarto de milla hará lo mejor en cualquier rama que escoja para él.

Al visitar una exposición de caballos de cuarto de milla, verá muchos eventos desempeñados por estos caballos. Algunos eventos serán de caballos trabajando con ganado, arrendando, placer del oeste, carreras de barril, doblar palos, montar por veredas, atando becerros, atando novillos, y cortando. La lista de eventos no tiene fin para un caballo cuarto de milla.

There are two kinds of calf roping: on a ranch, where speed doesn't count, and in rodeo roping, where speed does count (steer wrestling, heading and heeling) . What's important is how your horse helps you do the job. It's an event involving the skill of a man and his horse working together. What makes roping interesting for people to watch is not only the teamwork between man and horse, but the third party in the arena-the calf.

Roping began with cowboys competing against each other. Eventually, the horses were involved with the riders. When working around livestock a rider has to know how to use a rope. The best ranches insist on the best roping horses for their spread.

Training a roping horse takes patience. A cowboy may start his young horse out by riding him in a small pen with a few young calves to get the feel of being around them. A rope is put on the ground in front of him, or laid gently on his head or neck. A loop may be made to hook it over his rump. This will confirm to the horse that it won't hurt him. The cowboy will eventually swing the rope over the calf's neck or horns. Roping is done on a ranch because a ranch hand may have to rope a crippled calf at times. Roping became a sport many years ago, when people came from all over the country to see the best roping events with the best horses around. This was the beginning of rodeo fever.

A roping horse must learn to hold the heavy weight of a cow when the rider ropes him. This takes time and practice for the roping horse to learn. The horse must also learn to make quick stops. This is called "stopping on a dime."

When two riders and two horses work together, it is called "heading and heeling." One rider ropes a cow by the horns or head and the other rider ropes the hind legs. This must be done in the quickest time between the two ropers. It takes a lot of practice.

The cowboy and his quarter horse practice and practice until they become the best in all events at rodeos or horse shows.

Hay dos formas de atar becerros; en un rancho donde la velocidad no importa, o en el rodeo, donde sí importa; luchando novillos, cabeceando y pialando. Lo que importa es cómo tu caballo te ayuda a lograr la obra. Es un evento que incluye la destreza del hombre y como él y su caballo trabajan juntos. Lo que hace el hecho de atar con cuerda interesante para los aficionados es ver cómo trabajan en equipo con el becerro en la arena.

Atar con cuerda empezó con los vaqueros compitiendo el uno con el otro. Eventualmente, los caballos fueron incluidos. Cuando trabajan con ganado, un jinete tiene que saber cómo usar la cuerda. Los mejores ranchos insisten en los mejores caballos de atar con cuerda por su rapidez.

Entrenar un caballo para atar con cuerda se lleva paciencia. Un vaquero empieza con un potro al montarlo en un corral pequeño con unos cuantos becerros para que aprenda cómo es estar con ellos. Se le muestra una cuerda en el suelo delante de él o suavemente en su pescuezo o cabeza. Se puede hacer un lazo para lanzar en su trasero. Esto confirma al caballo que no será lastimado. El vaquero eventualmente echará la cuerda sobre el pescuezo o cuernos del becerro. Atar con cuerda se hace en el rancho porque a veces el ranchero tiene que atar un becerro cojo. El atar con cuerda se convirtió en deporte hace muchos años , cuando venía la gente de todas partes del mundo a ver los mejores eventos con los mejores caballos. Esto fue el principio de la fiebre del rodeo.

Un caballo de atar con cuerda tiene que aprender a sostener el gran peso de una vaca cuando el jinete lo ata. Esto se lleva tiempo y práctica para que el caballo aprenda. El caballo debe aprender a hacer paradas al instante. A esto se le llama hacer una pinta.

Cuando dos jinetes y sus caballos trabajan juntos, se le llama cabecear y pialar. Un jinete ata la vaca por los cuernos o la cabeza y el otro jinete le ata las patas traseras. Esto se debe hacer lo más rápido posible entre los dos atadores. Esto se lleva mucha práctica.

Un vaquero y su caballo de cuarto de milla practica continuamente hasta que se convierten en los mejores en todos los eventos de rodeo y exposiciones de caballos.

Courtesy Mesquite Championship Rodeo

The Horses of the King Ranch

Out of the Texas Southwest came the greatest quarter horses in the land. With dust flying and the sound of pounding hooves, herds of horses with thick chests, muscular shoulders, short backs, and stubby quick legs emerged. These were the treasured quarter horses.

In 1852 the land known as the "Wild Horse Desert" became the famous King Ranch of Kingsville, Texas. Wild mustangs, called mesteños by the Spanish, which once roamed the land had to make way for the finest breeding cow horse in the world, the quarter horse. This was the beginning of a new breeding program.

It all started in 1916. A young, beautiful sorrel colt along with his thoroughbred mother stepped out of a boxcar loaded with mares from Kentucky. He became the foundation for the famous King Ranch quarter horses in breeding and producing the color "sorrel" (a reddish color). He received the name "Old Sorrel." In the beginning of the breeding program, the largest and most valuable group of ranch mares were the "Lazarus Thoroughbreds." The name "Lazarus" came from Sam Lazarus of Fort Worth, Texas. He sold his horses to the King Ranch.

From 1885 to 1910, the King Ranch shipped horses and mules to armies all over the United States and Mexico. Some went to police departments in the cities, carriage trade, lawyers, doctors, and cotton fields. The King Ranch was the world's leading producer of quarter horses. Their horses were known as the best in their work. They were naturals.

Martin's Best, Solis, and Little Richard were some of the best quarter horse stallions out of the Lazarus Thoroughbred mares.

Los caballos del Rancho King

Uno de los mejores caballos de cuarto es del suroeste de Texas. De la polvareda del viento, manadas de caballos de pecho ancho, paletas musculosas, lomos cortos, y patas cortas, salieron dichos caballos.

En 1852, el terreno conocido como el "Desierto de caballos salvajes" se convirtió en el rancho famoso King de de Kingsville, Texas. Mustangos salvajes, llamados 'mesteños' por los españoles, que vagaban por la tierra, dieron lugar para los mejores caballos del mundo, o sea, el caballo cuarto de milla. Esto fue el inicio de un nuevo programa de cría.

Todo empezó en 1916. Un potro hermoso alazán, junto con su madre de sangre pura, salieron de un furgón lleno de yeguas de Kentucky. Este fue la fundación del caballo cuarto de milla famoso del Rancho King y produjo la cría alazana. Recibió el nombre Old Sorrel ('Viejo Alazán.') Al principio de este programa de cría, el grupo de yeguas rancheras más grande y valiosas eran las "Lazarus de sangre pura". El nombre de Lazarus vino de Sam Lazarus de Fort Worth, Texas. Él vendía caballos al Rancho King.

Desde 1885 hasta 1910, el Rancho King mandaba caballos y mulas al ejército por todos los Estados Unidos y México. Algunos iban a departamentos de policía en las ciudades, negocios de carruaje, abogados, doctores, y campos de algodón. El Rancho King era el mayor productor mundial de caballos cuarto de milla. Sus caballos eran conocidos como los mejores en su trabajo.

Martin's Best, Solis, y Little Richard fueron algunos de los mejores sementales cuarto de milla producidos por las yeguas de sangre pura Lazarus.

The King Ranch's famed champions were Wimpy, Peppy, Macanudo, and Babe Grande. Water Lily was one of the best quarter horse mares ever owned by the King Ranch. She produced outstanding colts with good speed and cow sense. She foaled one of the last stallions from Old Sorrel, named Hired Hand, and he was next to the greatest, Old Sorrel.

Lady Speck, one of Water Lily's foals, became the fastest mare ever to run the short tracks of South Texas. Years later, Miss Princess became the world's champion quarter horse in racing. She produced a fine line of fillies. Lady of the Lake was one of the finest built quarter horse mares on the ranch.

Another one of the great fillies was High Gear. She did it all. She worked cattle, roped, and raced. Pal, a jet black quarter horse with a small white star on her forehead, foaled Nobody's Friend in 1939. He became the champion racing quarter horse stallion in 1942. In 1956 Anita Chica, a bay, was born. From 1957 to 1962 Anita Chica won one Champion of Champion Award, forty-one Grand Champion Awards, and fifteen Reserve Champion Performance in Cutting Horse events.

From 1949 to 1962, quarter horses from the King Ranch won 383 First Place Blue Ribbons, 99 Purple Ribbons, 84 Reserve Champion events, 2,000 trophies, plus cups, saddles, blankets, and bridles.

The magnificent thoroughbred horses from the King Ranch also produced and provided champions for the racing industry. Assault won the Kentucky Derby, the Preakness Stakes, and the Belmont Stakes-a feat called winning t11e "Triple Crown." Middleground won the Kentucky Derby and Belmont Stakes in 1950. Styme won the Saratoga Cup in 1945 and 1946.

Over fifty years of selecting and breeding superior performing horses has brought fame to the King Ranch.

Los campeones famosos del Rancho King eran Wimpy, Peppy, Macanudo y Babe Grande. Lily era una de las mejores yeguas cuarto de milla del Rancho King. Ella produjo potros de gran velocidad y sentido de vacas. Ella tuvo uno de los últimos sementales con Old Sorrel, llamado Hired Hand; éste le seguía al mejor, Viejo Alazán, o sea Old Sorrel.

Lady Speck, uno de los potros de Water Lily, se convirtió en la yegua más rápida en las pistas cortas del sur de Texas. Años después, Miss Princess se convirtió en el campeón cuarto de milla en carreras del mundo. Ella produjo una buena linea de potras. Lady of the Lake fue una de las mejores yeguas cuarto de milla en el rancho.

Otra de las grandes potras fue High Gear. Ella lo hacía todo. Trabajaba ganado, ataba con cuerda, y competía en carreras. Pat, un caballo cuarto de milla negro con una estrella blanca en la frente, tuvo a Nobody's Friend en 1939. Se convirtió en el campeón semental cuarto de milla en 1942. En 1956, nació Anita Chica, un bayo. Desde 1957 hasta 1962, Anita Chica ganó el Premio Campeón de Campeón, cuarenta y un p.23 premios Campeón, y quince Campeón Reserve en eventos de Cortar.

Desde 1949 hasta 1962, caballos cuarto de milla del Rancho King ganaron 383 premios de primer lugar, 99 de listón morado, 84 eventos Campeón Reserve, 2000 trofeos, mas tazas, sillas de montar, cobijas, y bridas.

Los caballos magníficos de sangre pura del Rancho King también produjeron y proporcionaron campeones para la industria de carreras. Assault ganó el Kentucky Derby, el Preakness Stakes, y los Belmont Stakes; esto se llama ganar la Corona Triple. Middleground ganó el Kentucky Derby y los Belmont Stakes en 1950. Style ganó el Copa Saratoga en 1945 y 1946.

Más de cincuenta años de seleccionar y criar caballos superiores ha traído fama al Rancho King.

Peppy San Badger, a champion cutting horse of the King Ranch

Horse Racing

Thoroughbred horses were bred for racing in England. These sleek, elegant, and beautiful animals had the appearance and function to run with great speed against any other horse in the world. They could run an exhausting race over four-mile distances.

When the sport was new, only the rich could afford to own and raise thoroughbreds. The horses were kept penned up and alone in their stalls. It made them feel starved for action and ready to explode. They were exercised every morning to get the feel and endurance of the track. They had to be kept in top condition because they would run 35 to 45 miles an hour for several miles in a race.

Charles I of England wasn't interested in keeping the sport of horse racing going. It was coming to an end when Charles II restored the breeding and racing of horses in 1660. He won the title "Father of the British Turf." The race track was then named "New Market," where the headquarters of both breeding and racing came about in the kingdom.

When horse racing spread throughout the world, the American Colonies first adopted it. In 1664 the commander of the English Forces, Col. Richard Nicolls, went to New York and built a two-mile race track. He presented the first Silver Cup. This was the beginning of the first organized horse racing in America. The new name for the race track in America was "New Market."

In England thoroughbreds were horses bred only for racing. When thoroughbred horses came to America for racing, they found their way into breeding other horses as well.

Thoroughbreds were proven not to be good horses for ranch work. They were pushy, excitable, chomped at the bit, fretted, tossed their heads, and were eager to run. They found it too difficult to travel over rough country and stumble over the hillsides. But over the years, the thoroughbred foundation is found in nearly all breeds of horses. This made stronger and better animals.

The quarter horse received his speed from the imported English running stock of thoroughbreds, and the Spanish horses gave them great disposition and compact ruggedness.

When thoroughbred racing became so popular in the East, the quarter horse moved westward to Texas.

Today, the first thoroughbred horse race of the season is held in Kentucky and is called "The Kentucky Derby"; the second race is held in Maryland, the "Preakness Stakes"; and the third race of the season is in New York, the "Belmont Stakes."

"The American Futurity" is one of the most exciting and richest quarter horse races in the country. It is held on Labor Day at Ruidoso Downs in New Mexico. The winner collects $1,000,000.

Twenty minutes before the race starts, the horses are led into the paddock arena to be saddled. This is where they are led around to help calm them, and for the public to look them over. Then the jockey gets ready to mount. Riders on lead ponies help the jockey and their mounts onto the race track.

At this time, the muscles of the horses are loosened up and warmed. Quarter horse races are so short, the animals must put all their effort out in the beginning of the race. If their muscles are not loosened up, the horses could be hurt. Soon it is time to put the horses into the starting gate. Each gate has a separate chute for each horse while waiting for the bell to ring. The start is the most important part of a quarter horse race. The horses must be fired up and ready to go. They have had plenty of training in making the fastest possible start.

As the bell rings, the doors to the chutes fly open and the horses leap for ward to run a quarter of a mile. This is where the quarter horse got his name. Sometimes a photo has to be taken to determine the winner.

One of the famous thoroughbred stallions, Three Bars, produced many successful racing quarter horses. He is called the "Granddad" of all racing quarter horse sires.

Carreras de Caballos

Caballos de sangre pura fueron criados para carreras en Inglaterra. Estos animales delgados, elegantes y bellos tenían la apariencia y función de correr a la máxima velocidad contra cualquier otro caballo en el mundo. Podían correr una carrera de más de cuatro millas.

Cuando el deporte era nuevo, solo los ricos podían tener y criar caballos de sangre pura. Mantenían los caballos solos en establos. Esto los hacía sentirse hambrientos de acción y listos para estallar. Los ejercitaban cada mañana para que sintieran cómo era aguantar en la pista. Los tenían que mantener en plena forma porque correrían de 35 a 45 millas por hora por varias millas en una carrera.

Carlos I de Inglaterra no estaba interesado en continuar el deporte de carreras de caballos. Estaba por terminarlo cuando Carlos II restauró la cría y carreras de caballos en 1660. Ganó el titulo de 'Padre del territorio británico'. La pista de carreras fue llamada "Mercado Nuevo" donde se hizo la sede de criar y tener carreras en el reino.

Cuando las carreras se extendieron por el mundo, las colonias americanas fueron las primeras en adoptarlas. En 1664, el comandante de las fuerzas inglesas, el Coronel Richard Nicolle, fue a Nueva York y construyó una pista de dos millas. Presentó la primera Copa de plata. Esto dio principio a las primeras carreras de caballos organizadas en América. El nuevo nombre de la pista de carreras en América fue el "Mercado Nuevo."

En Inglaterra, los caballos de sangre pura eran criados solo para las carreras. Cuando vinieron a América para las carreras, se cruzaron con otras razas también.

Los de sangre pura no eran muy útiles para trabajo de rancho. Eran empujones, excitables, mordían el freno, sacudían la cabeza, y estaban ansiosos por correr. Era difícil que viajaran por terreno áspero, y se tropezaban en las lomas. Sin embargo, a través de los años, el fundamento del caballo de sangre pura se encuentra en todas las razas de caballos. Esto los hizo animales más fuertes y mejores.

El caballo cuarto de milla recibió su velocidad de la cría inglesa de cuarto y los caballos españoles les dieron el gran temperamento y robustez compacta.

Cuando las carreras de caballos de sangre pura se hicieron popular en el este, los caballos cuarto de milla se mudaron al oeste hacia Texas.

Hoy en día, la primera carrera de sangre pura de la estación se lleva acabo en Kentucky, y es llamado el Kentucky Derby. La segunda carrera es en Maryland y se llama Preakness Stakes; la tercera de la estación es en Nueva York y se llama Belmont Stakes.

La American Futurity es una de las carreras más excitantes y ricas de caballos cuarto de milla en el país. mSe lleva acabo en el Día del trabajo en Ruidoso Downs en Nuevo Mexico. El ganador recibe $1,000,000.

Veinte minutos antes de que empiece la carrera, los caballos son llevados a la arena de potrero para ser ensillados. Allí los caminan alrededor para calmarlos y para que el público los vea. Luego el jinete se prepara para montar. Otros jinetes dirigen a los jinetes y sus caballos a la pista de carreras.

Esto sirve para calentar los músculos de los caballos. Caballos cuarto de milla son tan bajos que ponen todo su esfuerzo al principio de la carrera. Si sus músculos no están sueltos, se pueden lastimar. Pronto llega el momento de colocar al caballo en la puerta de empezar. Cada puerta está separada para cada caballo mientras esperan que suene la campana. El comienzo es la parte más importante para la carrera de caballo cuarto de milla. Los caballos deben estar excitados y listos para empezar. Han sido entrenados bastante para tener el principio más rápido posible.

Al sonar la campana, las puertas se abren y los caballos saltan para correr un cuarto de milla. Así es como el caballo recibió este nombre. A veces se tiene que tomar una foto para determinar el ganador.

Una de los sementales famosos de sangre pura, Three Bars, (Tres Barras) produjo muchos caballos cuarto de milla exitosos. A él se le llama el Abuelo de todos los padres de caballos cuarto de milla para carreras.

The Arabian Horse of Texas
"The Black Stallion"

What is more beautiful than an Arabian horse running with his ears forward, big round eyes, mane flying, and tail held gracefully high in the wind?

The strong endurance of the Arabian horse goes back to the biblical days of Noah. They are the oldest and purest of all breeds. The Arabian horse has been crossed with every type of breed of horses in the world.

One of the most popular Arabians ever written about was Cass-Olé. He lived on a ranch in San Antonio, Texas. Cass-Olé had supreme refinement with great beauty and gentleness. He carried his head and tail proudly in every step he took. He had a dish face and large eyes. His ears were very small, and he was courageous and fiery but gentle. He was a show horse as well as an all-around riding horse.

The stallion's name was Cass, and the Ole was added when the ranch hands watched him running in the fields and called out in Spanish, "Ole-Ole! Cass-Olé."

During the two movies The Black Stallion and The Black Stallion Returns, Cass-Olé was the star. He worked his own hours. When he had had enough of acting, he would leave the set and walk over to his horse trailer and stand.

One day he took off and disappeared but returned on his own. Super sensitive horses often cannot tolerate rigorous schooling sessions day in and day out.

The Arabian horse's coat, mane, and tail are remarkably silky. Their height stands 14 to 15 hands, and they are sometimes black, chestnut, bays, and greys. The temperament of these horses is courageous and fiery, but lovable.

El caballo árabe de Texas
"El semental negro"

¿Qué es más bello que un caballo árabe con sus orejas hacia al frente, ojos grandes y redondos, la crin volando, y la cola alta en el viento?

El aguante fuerte del caballo árabe origina desde los días bíblicos de Noah. Son la cría más pura y vieja de todas. El caballo árabe se ha cruzado con todo tipo de caballos del mundo.

Uno de los árabes más populares sobre los cuales se ha escrito fue Cass-Olé. Vivía en un rancho de San Antonio, Texas. Cass-Olé era super refinado y de gran belleza y gentileza. Llevaba la cabeza y cola con orgullo en cada paso que daba. Tenía cara bonita y ojos grandes. Sus orejas eran muy pequeñas y tenía un gran valor pero gentil a la vez. Era un caballo de exposición al igual que de montar.

El semental se llamaba Cass, y le agregaron Olé cuando los del rancho lo vieron correr y le gritaban en español,¡"Olé, olé! Cass-Olé." Durante las dos películas "El semental negro"(The Black Stallion) y "El semental negro regresa" (The Black Stallion Returns), Cass-Olé era la estrella. Él trabajaba sus propias horas. Cuando se cansaba de actuar, dejaba el escenario y se iba a su trailer.

Un día se desapareció pero regresó por su propia cuenta. Caballos que son super sensibles no siempre toleran sesiones rigurosas de entrenamiento día tras día.

La piel, crin y cola del caballo arábico son muy sedosas. Mide de catorce a quince manos y es negro, bayo, gris, o castaño. Estos caballos son valientes pero cariñosos.

Art by Mark Mitchell

Sam Houston and "Copperbottom"

General Sam Houston was the first president of the Republic of Texas. When he visited the plantation of William Bledoe in Alabama in 1828, he bought "Copperbottom."

Copperbottom became the first famous quarter horse in Texas. He was eleven years old at the time Sam Houston bought him. Copperbottom was born in Pennsylvania, the grandson of Janus, a famous thoroughbred horse brought over from England. But Copperbottom resembled the quarter horse in looks and build.

Sam Houston's horse produced more quarter horses in Houston and Galveston, Texas, in the twentieth century. His colts stood 141/2 hands high with small ears, a wide forehead, big eyes, heavy-muscled jaws, arched ribs, and well-muscled hindquarters. The horses were in demand for work and quarter horse races.

Sam Houston became the most famous horse breeder in Texas. He knew a good utility horse when he saw one.

Sam Houston y Copperbottom

El General Sam Houston fue el primer Presidente de la República de Texas. Cuando visitó la plantación de William Bledsoe en Alabama en 1828, él compró a Copperbottom. Tenía once años cuando Sam Houston lo compró.

Copperbottom nació en Pennsylvania, nieto de Janus un semental de sangre pura traído de Inglaterra. Pero Copperbottom parecía caballo cuarto de milla en todo.

El caballo de Sam Houston produjo más caballos cuarto de milla en Houston y Galveston, Texas en el siglo veinte. Sus potros medían catorce manos y media de alto, tenían orejas pequeñas, una frente ancha, ojos grandes, quijadas musculosas, costillas arqueadas, y traseros musculosos. Los caballos eran solicitados para trabajar y para carreras de caballos de cuarto de milla.

Sam Houston fue famoso como el mejor criador de caballos en Texas. Conocía un buen caballo de utilidad solamente al verlo.

The legend of "Pat" the Artillery Horse

Pat, a beloved artillery horse, was called the "Elder Statesman." His spirit surrounded Fort Sam Houston Military Base in San Antonio, Texas.

Pat served his country well. He was a favorite horse among the soldiers. His duties were to pull the heavy artillery wagons during World War I. When Pat went overseas, he served with honors on the Western Front, and was one of the few who returned. Approximately 68,000 horses and mules died in the service of their country.

Pat was assigned to the 12th Field Artillery, 2nd Infantry Division, in the early 1920's. He served for eighteen years.

In 1938 Pat was thirty years old. All the horses were to be disposed of at that age, but word spread fast and Pat's life was spared. The soldiers went into quick action and signed a formal request to spare his life. The request was finally granted, and Pat was retired in 1938.

Art by Mark Mitchell

La leyenda de Pat el caballo de artillería

Pat, un caballo querido de artillería, era llamado el 'Mayor hombre de estado' o Elder Statesman. Su espíritu rodeaba el Fuerte Militar de Sam Houston en San Antonio, Texas.

Pat sirvió bien a su país. Era el caballo favorito de los soldados. Su trabajo consistía en halar vagones pesados de artillería durante la Primera Guerra Mundial. Cuando Pat fue de ultramar, sirvió con honores en el Frente Oeste, y fue uno de los pocos que regresó. Aproximadamente 68,000 caballos y mulas murieron durante el servicio a su país.

Pat fue asignado a la Artillería XII de Campo en los 1920. Sirvió por diez y ocho años.

En 1938 Pat tenía treinta años. Todos los caballos debían ser eliminados a esa edad, pero pronto corrió la palabra para que esto no le pasara a Pat. Los soldados entraron en acción y firmaron una petición para salvar su vida. Se cumplió la petición y Pat fue jubilado en 1938.

During the formal retirement ceremony in 1940, Pat stood tall and looked sharp in his bright red-gold field artillery blanket with one hash mark for each of the three years he served.

Pat led a life of retirement worthy of envy. He was put in the care of the veterinary detachment at Fort Sam Houston, who looked out for him during his remaining years.

With his teeth gone, Pat was put on wet bran, ground oats, and hay. He ate his oats ground with mash. His age was recorded to be forty-five.

Pat passed away, and a simple ceremony was held with many friends at attention. "Taps" was sounded, and tears filled the eyes of many on that blustery spring day.

Beneath the lush green grass and surrounded by shady oaks at Fort Sam Houston, the "Elder Statesman" rests. Pat was loved by all.

Art by Mark Mitchell

Art by Mark Mitchell

Durante la ceremonia formal de retiro en 1940, Pat se veía alto y guapo con su cobija brillante de artillería de color rojo y dorado, con una marca para cada uno de los tres años de servicio.

Pat tuvo una retiro de admirarse. Estuvo al cuidado de veterinario en el Fuerte de Sam Houston durante sus últimos años.

Como no tenía dientes, Pat tenía una dieta de salvado mojado, avena molida, y heno. Comía su avena molida con malta. Su edad era cuarenta y cinco.

Pat murió y se celebró una ceremonia con muchos amigos. Se escuchó la música de Taps y muchos lloraron en ese día borrascoso de primavera.

Bajo el zacate verde rodeado por los encinos del Fuerte de Sam Houston, descansa el Elder Statesman o 'Mayor hombre de estado.' Pat era querido por todos.

Art by Mark Mitchell

Peruvian Paso horses Come to Texas

In 1532 the Peruvian Paso horses were brought to Peru by the Conquistadors and used for battle and as pack horses. When the wealthy Spaniards came they brought the Andalusian, Spanish Jennet, Friesian, and Barb horses. Many of these horses had a natural four-beat gait instead of a trot. This was a wonderful gift for those who spent hours riding the horses on their plantations.

These horses served as the foundation breed known as the Peruvians. Only rich land owners had the rights to these horses. They sought the Peruvian Paso's perfect four-beat gait with smoothness and action. Along with this came a marvelous horse with dedication to the rider, ease in handling, good disposition, and a desire to please. The Peruvian Paso also has intelligence, alertness, speed of learning, and craves affection. The Peruvian Paso is the last remaining natural gaited breed left.

The fine qualities of this horse were kept a secret by the Peruvian people for centuries. Then, in 1960, they began to share this treasure with the United States, including Texas.

The Peruvian Paso is the dream horse of America. He is defined as a luxury horse because of the physical comfort he provides. These horses can give pleasure in riding to everyone, including people with back and joint problems.

The Peruvian Paso horses have a beautiful mane and tail. They stand 141½ to 151½ hands. You may choose from deep chestnut, blacks, browns, bays, buckskins, palominoes, grays, roans, or duns when choosing this breed of horse.

Peruvian Paso horses have well-angled hind legs, a short back, medium-length neck, small head, and fine features. A beautiful horse for show or family horse, and perfect in size.

Caballos peruanos de paso vienen a Texas

En 1532 los caballos peruanos de paso fueron traídos de Perú por los Conquistadores para usar en batalla y para cargar. Cuando los españoles ricos vinieron, trajeron caballos andaluces, españoles Jennet, Friesen, y Barb. Muchos de estos caballos tenían un paso de cuatro latidos en vez de trote. Esto era un regalo para los que pasaban horas largas en los caballos de sus plantaciones.

Estos caballos fueron la cría fundamental conocida como los peruanos. Solo los ricos terratenientes tenían los derecho de estos caballos. Ellos buscaban los peruanos de paso con el ritmo de cuatro latidos perfecto y suave. Luego llega este caballo maravilloso con dedicación al jinete, fácil de manejar, buen temperamento, y deseo de complacer. El peruano de paso también es inteligente, alerto, aprende rápidamente y anhela afecto. El peruano de paso es la última cría que queda de paso natural.

Las cualidades finas de este caballo eran un secreto guardado por la gente peruana por siglos. Luego, en 1960, empezaron a compartir este tesoro con los Estados Unidos, incluyendo a Texas.

El peruano de paso es el caballo de los sueños de América. Se define como un caballo de lujo por el confort físico que proporciona. Estos caballos pueden dar placer a todos al montar, incluyendo a personas con problemas de espalda y coyunturas.

Los caballos peruanos de paso tienen una crin y cola hermosa. Miden de catorce manos y media a quince manos y media de altura. Puedes escoger de castaño, negro, café, bayo, ruano, palominos, gris, ante, o pardo al escoger esta raza de caballo.

Los caballos peruanos de paso tienen patas bien formadas, un lomo corto, pescuezo mediano, cabeza pequeña y características finas. Un caballo bello para exposición o de familia y tamaño perfecto.

Art by Mark Mitchell

The Miniature Horse

The first horses were small in size. Down through the centuries, most horses were selectively bred to produce larger animals which could pull heavier weights and carry heavier loads on their backs. However, a few horses remained small and were kept as pets by kings and queens or were trained to perform in circuses.

The bloodlines of the modern Miniature Horse can be traced back 2,000 years. The smallest Shetland ponies are one branch of the Miniature Horse's ancestry. They were bred to be small so they could work in the coal mines of England and Wales. Only a small horse could fit in the underground tunnels, where they pulled carts for the miners.

Another branch of the Miniature Horse's ancestry was the Fallabella Miniature, which was only thirty inches tall. They came from Argentina and were kept as pets. The breeding for these small horses came from small Andalusian horses, Shetland ponies, Welsh ponies, Criollo ponies, and thoroughbreds . A new kid on the block is the Harness breed. This is the only miniature bred for Miniature Harness Racing.

Today the American Miniature Horse is a recognized breed with two official registries. The American Miniature Horse Registry (AMHR) requires that these horses must not be taller than 38 inches. The American Miniature Horse Association (AMHA), which is located in Texas, only allows horses 34 inches and under.

A new registry for Miniature Harness Racing, also located in Texas, is the International Miniature Trotting and Pacing Association (IMTPA) .

Country Crystal is a beautiful miniature horse that stands only 37 inches. She was born in West Virginia, and is a chestnut silver dapple and white pinto. Crystal has the ability to communicate with her warm eyes and the willingness to please you as a partner and friend.

Crystal began her long hours and days of training with Jim, her partner and trainer. This was the beginning of Miniature Harness Race driving.

In 1993 Crystal's performance took her to the top. She then headed for Florida and continued to win again. It became easier for her as she grew to love the excitement and speed that came with winning. Each time the crowd roared, Crystal lifted her nose a little bit higher in the air and her legs stretched a little farther. She was born for stardom.

It was time to enter the show ring competition. The event was the "Roadster Cart." Crystal had to learn all over again the show ring and the different movements. This meant more training and long hours. But with the crowd cheering her on, it didn't take long for Crystal to win first place, the "Blue Ribbon."

Then it was on to AMHR National Show for Crystal to enter the Open Roadster class and Youth Roadster class. Crystal and Jim, her trainer, partner and friend, stood quietly waiting for the signal for them to enter the show ring. Jim touched the reins for Crystal to move out with grace and flow. The crowd was spellbound by her trot, and many began calling, "Come on, Crys." Crystal answered their call and showed her stuff. Jim knew she had put everything into it she had.

It was time to line up and make the selection. The announcer called out: "National Champion Roadster, Number 114." Crystal did it again!

The next day was the Youth Roadster, and the challenge came once again for little Crystal. Could she do it? Yes. The AMHR National Youth Champion Roadster was hers. Stardom never passed Crystal by.

Now she is a champion of the harness racing industry.

El caballo miniatura

Los primeros caballos eran pequeños de estatura. A través de los siglos, muchos caballos eran criados de forma selectiva para producir animales más grandes que pudieran tirar pesos mayores y llevarlos en sus lomos. Sin embargo, unos caballos se quedaban pequeños y la realeza los mantenía para entrenarlos para circos.

Las lineas de sangre del caballo miniatura moderno se puede trazar dos mil años atrás. Los caballos más pequeños Shetland son una rama de ancestro de caballo miniatura. Estos fueron criados a ser pequeños para trabajar en minas de carbón de Inglaterra y Gales. Solo un caballo pequeño cabía en un túnel subterráneo donde tiraban carretas para los mineros.

Otra rama del ancestro del caballo miniatura era el Miniatura Fallabella, que media treinta pulgadas de alto. Venían de Argentina y los tenían como mascotas. La crianza de estos caballos pequeños originaba de caballos pequeños andaluces, caballitos Shetland, caballitos de Gales, caballitos criollos y los de sangre pura. Una raza nueva era la cría Harness. Fue la única raza criada para Carreras de miniatura Harness.

Hoy día la Miniatura americana de caballos es una raza reconocida con dos registros oficiales. Registro americano de caballos miniatura requiere que los caballos no sean más altos que treinta y ocho pulgadas. La Asociación de Caballos Miniatura, localizada en Texas, solo permite que los caballos midan treinta y cuatro pulgadas o menos.

Un registro nuevo de Carreras de Caballos Miniatura Harness, también en Texas, es la Asociación International Miniatura Trotting and Racing (IMPTA).

Country Crystal es una caballo miniatura que mide solo treinta y siete pulgadas. Nació en West Virginia y es un pinto castaño plateado tordo y blanco. Crystal tiene la habilidad de comunicar con sus ojos tibios y su deseo de complacer a su pareja y amigo.

Crystal empezó su largo entrenamiento con Jim, su pareja y entrenador. Esto fue el principio de conducir Carreras de caballos miniatura Harness.

En 1993, el funcionamiento de Crystal la llevó a la cima. Luego fue a Florida y continuó ganando. Era más fácil para ella al enamorarse de la emoción y rapidez al ganar. Cada vez que el público gritaba, Crystal levantaba su nariz y estiraba sus patas un poco más. Había nacido para ser estrella.

Era tiempo de entrar en la arena de competición. El evento se llamaba Roadster Cart. Crystal tenía que entrenar de nuevo sobre los movimientos nuevos. Esto significaba horas largas de entrenamiento. Sin embargo, con sus fanáticos gritando, Crystal no tardó mucho en ganar primer lugar, o sea el Listón azul.

Luego Crystal continuó la Exposición nacional (AMHR) para que entrara en las clases de Open Roadster y la clase de Youth Roadster.. Crystal y Jim, su entrenador, pareja y amigo, esperaban en silencio la señal para entrar a la arena de exposición. Jim tocó las riendas para que Crystal saliera con gracia y fluidez. El público estaba ensimismado con su trote, gritaba, —¡Vamos Crystal!—. Crystal respondía a su llamado y mostraba su habilidad. Jim sabía que ella había puesto todo de su parte.

Era tiempo de hacer cola y hacer la selección. El locutor anunció, —¡Campeón Nacional Roadster número 114!—¡Crystal lo hizo una vez más!

Al día siguiente era el Youth Roadster y era otro reto para Crystal. ¿Podría hacerlo? El Campeón nacional juvenil (AMHR) era de ella. El ser estrella nunca sobrepasaba a Crystal.

Ahora es campeona de la industria de carreras arnés.

Art by Mark Mitchell

The Shetland and Welsh Ponies

Ten thousand years ago the first "Shetland" ponies arrived on an island off the coast of Scotland. The island became known as the "Shetland Islands." The Shetland was used as a saddle pony as well as a pack pony to cart seaweed for fertilizing the grounds.

In 1700 the Shetland ponies began working in the coal mines, as the ceilings were very low. The ponies were only 42 inches tall and very hardy. When the coal mines became modern they didn't need the Shetlands anymore. They became the favorite pets of children around the world.

Lord Londonderry had a famous stallion called "Jack" as the foundation for the breed of the Shetlands. In 1885 Shetland ponies came to America. The United States and the Canadian breeders produced the first and the "New American Shetland Pony." They were crossbred with the "Hackney" ponies.

The Shetlands learned quickly and adapted well. Usually gentle, they can be used in riding and pulling small carts. Shetland ponies live longer than horses. They are almost completely free of all disease and can live on grass as well as hay.

The "Welsh" mountain pony comes from the hills and deep valleys of Wales.

Led by grand stallions, mares and foals, they roamed in a semi-wild country, climbing mountains, leaping ravines, and running over rough terrain. The Welsh pony carries a trace of Arabian blood.

Henry VIII declared that all horses under 15 hands be destroyed, but the Welsh pony had a strong body and willpower to live. He has become the pony loved all over the world.

The pure-bred Welsh pony is an animal of great beauty and refinement. He is extremely smart and has a friendly personality and gentle temper. He is willing to obey, and shows respect for his master when he is respected.

The Welsh pony has pulled chariots in sports, and worked in coal mines, ranches, and along postal routes. He loves people and can be trusted. He can be very quiet for young children as well as spirited for teenagers. Now the Welsh is used in 4-H and Future Farmers of America projects. He has become the first choice of the "child's pony."

The Welsh pony is among the fastest growing breed of ponies in America, particularly in Texas. Because of his smartness, beauty, high quality, and dependability, he is the adult favorite to show with pride. Because of his great natural action and speed, the Welsh pony is growing in the field of racing.

Los caballos Shetland y galés

Hace 10,000 años que llegaron los primeros caballos Shetland a una isla en la costa de Escocia. Esta isla se llamaba Islas Shetland. Los Shetland se usaban como caballos de montar y como cargadores de algas para fertilizar las tierras.

En 1700 los caballos Shetland empezaron a trabajar en las minas de carbón porque los techos eran muy bajos. Los caballos solo medían 42 pulgadas y eran muy fuertes. Cuando se modernizaron las minas, ya no necesitaban a los caballos Shetland. Se convirtieron en los mascotas favoritos alrededor del mundo.

Lord Londenderry tenía un semental llamado Jack que era la fundación de la raza de los Shetlands. En 1885, los caballos Shetland vinieron a América. Los criadores de los Estados Unidos y Canadá produjeron los primeros y mejores caballos Shetland de la Nueva América. Fueron mezclados con los caballos Hackney. Los caballos Shetland aprendían rápidamente y se adaptaban bien. Típicamente apacibles, se podían utilizar en montar y halar carretas pequeñas. Los caballitos Shetland viven más que los caballos grandes. Son prácticamente libres de enfermedades y se alimentan de zacate y heno.

Los caballitos montañés galés vienen de las lomas y valles de Gales.

Eran guiados por grandes sementales, yeguas y potros y vagaban por tierras medio salvajes, por las montañas, saltando barrancos y por terrenos ásperos.

Henry VIII declaró que todos los caballos que medían menos de quince manos fueran destrozados, pero el caballo galés tenía cuerpo fuerte y gran fuerza de voluntad por vivir. Se ha convertido en un caballito querido por todo el mundo.

El caballo galés de sangre pura es un animal de gran belleza y refinamiento. Es sumamente inteligente, amistoso y gentil. Está dispuesto a obedecer y muestra respeto a su amo cuando es respetado.

El caballito galés halaba carros romanos en deportes y trabajaba en minas de carbón, en ranchos y en rutas postales. Ama a la gente y se puede confiar de él. Puede ser muy callado para niños chicos y enérgico para adolescentes. Hoy en día se utilizan en proyectos de 4-H y Agricultores futuros de América. Se ha convertido en la primera opción como caballito para niños.

El caballito galés es una de las razas de caballitos de más grande crecimiento en América, particularmente en Texas. Es el adulto favorito de mostrar con orgullo por su inteligencia, belleza, alta calidad y confianza. Está creciendo en la rama de carreras por su gran acción natural y velocidad.

Mules

George Washington, first president of the United States, raised the first mules on his farm at Mount Vernon, Virginia. He received a mule as a gift, named "Royal Gift," from the king of Spain. That same year, the Marquis de Lafayette sent George Washington two mules from the island of Malta. One was called "Knight of Malta," and the other was "Spirit of the Times." The mules produced an offspring called "Compound." The introduction of mules into the United States was important to American life and culture.

The Spaniards introduced mules to American settlers in Texas. Mules became popular in Texas because they could stand the extreme heat. Early Texans preferred mules, as they were stronger and resisted diseases well. They were not as plentiful as horses, and so they were much more valuable.

The mule's life span is 30 to 35 years, almost 15 years longer than horses. Mules are smarter and tougher. They can do more work and eat less food than a horse. Mules are so clever; they save their strength for the times they are forced to work harder and longer hours. A mule is less likely to suffer from overwork than a horse is. They remain strong under extreme pressure of hard work if they are treated with kindness and are well kept.

Mules worked in logging operations in the Piney Woods of Texas as well as on the northern and southern ranches. Some people used mules to plow their gardens. Two mules named Dunk and Dora were driven each year on the Salt Grass Trail Ride in Texas in the 1880s. The Holt Combine Thrashing Machine, built in 1886, was powered by 33 mules and five men to work it in the fields. Mules pulled wagons, plows, logs, railroad cars, streetcars, and were used for riding.

A mule is a domesticated hybrid animal, the product of a mare (female horse) and a Jack (male donkey). The father donkey is known to give the mule the braying voice, tiny hooves, sure-footedness, and endurance he needs. Mules have long ears, a short mane, and a tail tipped with long hair. The mother horse gives the mule, a large, well-shaped body and strong muscles. She also provides the patience needed to learn to wear a harness.

Mulas

George Washington, primer presidente de los Estados Unidos, crió las primeras mulas en su granja en Mount Vernon, Virginia. Recibió una mula como regalo, de nombre Regalo Real (Royal Gift) del rey de España. Ese mismo año el Marqués de Lafayette, le mandó a George Washington dos mulas desde la isla de Malta. Una se llamaba Caballero de Malta y otro Spirit of the Times. Las mulas produjeron una llamada Compound. La introducción de mulas en los Estados Unidos era importante a la cultura y vida de los americanos.

Los españoles introdujeron mulas a pioneros americanos en Texas. Las mulas eran populares en Texas porque aguantaban calores extremos. Los primeros tejanos preferían mulas porque eran fuertes y resistían enfermedades. No había tantas como caballos y eran de valor mayor.

La esperanza de vida de las mulas es de treinta a treinta y cinco años, casi quince años más que los caballos. Las mulas son más inteligentes y fuertes. Pueden hacer más trabajo y comen menos que un caballo. Son tan inteligentes que guardan su fuerza para los tiempos cuando son forzadas a trabajar más duro y horas más largas. Hay menos posibilidad de que una mula sufra de trabajo excesivo que un caballo. Se mantienen fuertes bajo presión extrema de trabajo duro si son tratadas con cariño y son bien cuidadas.

Las mulas trabajaban en operaciones de leña en los Piney Woods de Texas tanto como en ranchos del norte y el sur. Algunas personas usan mulas para arar sus jardines. Dos mulas llamadas Dunk y Dora participaban cada año en el Paseo por sendero Salt Grass en Texas en los fines de los años 1880. La máquina trilladora Holt, construida en 1886, era trabajada por 33 mulas y cinco hombres para trabajar en los campos. Las mulas tiraban vagones, arados, leños, carros de ferrocarril, tranvías; también eran utilizadas para montar.

Una mula era un animal híbrido domesticado, el producto de una yegua y un burro. El burro paterno le da a la mula su bramido, patas pequeñas, pisadas firmes, y la fuerza que necesita. Las mulas tienen orejas largas, una crin corta, y una cola con la punta de pelo largo. La yegua materna le da a la mula un cuerpo grande y bien formado con músculos fuertes. También provee la paciencia que necesita para llevar un arnés.

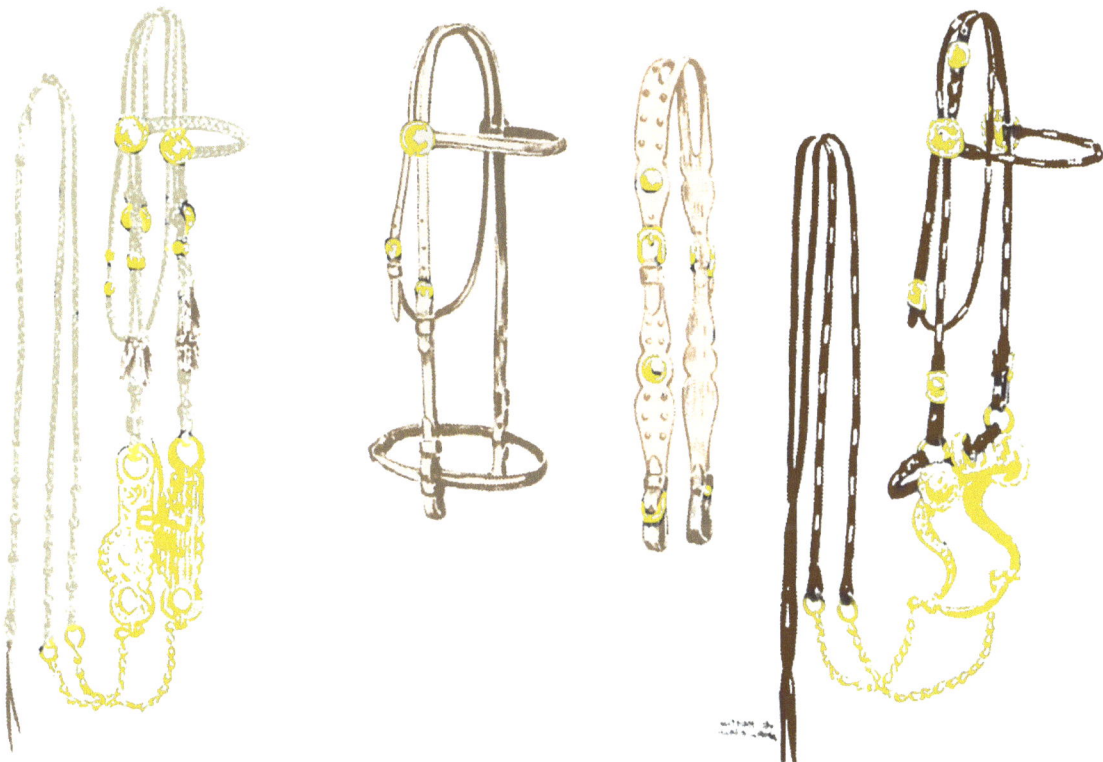

Draft horses

Draft horses came from the Great War Horses that carried heavily armored knights into battle. They were work horses-the tallest, heaviest, and strongest horses in the world. Draft horses were used for hauling bricks in order to build castles, bridges, shops and cathedrals. A horse operating a grist mill in the pio neer days was called a mill horse.

Draft horses have been the most popular farm animals in Europe.

Belgian horses are the most gentle and strongest of all the horses. In 1866 the first Belgian horse was born in the United States. In 1917 an American Belgian stallion (father horse) sold for $47,500, the highest ever paid for a draft horse at the time.

In 1900 there were 5,000 horse breeders of Percheron horses in the United States. The Clydesdales are considered the handsomest of all the draft horses.

When the Europeans first brought draft horses to North America in the 1500s, they had no intention of sharing their animals with Native Americans. But times changed and the hard-working draft horse helped the colonist build a new nation.

The farmer and his draft horses start working at 6:00 in the morning. The plow horses work side by side to till the ground and prepare it for planting. Summertime is harvest time for these horses.

The experienced horse sometimes has to teach the untrained horse. The horses learn to move in the right way at the right time by voice commands and signals from the driver. This is true teamwork.

During the plowing, one horse walks in the furrow that has already been plowed while the other horse walks on the unplowed field. Some horses are better than others at being the furrow horse.

In August the farmers cut the grain and the horses thresh it by stomping and tramping on the newly cut sheaves or separating the valuable kernels from the straw. In September the horses carry the grain to the mill and flour to the market.

In the wintertime, the farmer and his horses carry wood for the fire and haul fodder (food) to the cattle. Then the horses rest until springtime again.

Caballos de tiro

Caballos de tiro originaron de los gran caballos de guerra que llevaban grandes cargas de armamento de los caballeros en batalla. Eran caballos de trabajo—los más altos, más pesados y más fuertes del mundo. Caballos de tiro se usaban para tirar ladrillos para construir castillos, puentes, tiendas, y catedrales. Un caballo que operaba un molino en días de los pioneros se le llamaba caballo de molino.

Los caballos de tiro han sido los animales más populares en Europa.

Los caballos belgas eran los más gentiles y fuertes de todos los caballos. En 1886, el primer caballo belga nació en los Estados Unidos. En 1917 el semental belga americano se vendió por $47,500, el mayor precio pagado para entonces por un caballo de tiro.

En 1900, había 5000 criadores de caballos Percheron en los Estados Unidos. Los Clydesdales se consideraban los más guapos de todos los caballos de tiro.

Cuando los europeos primero trajeron caballos de tiro a América del Norte, en los años mil quinientos, no tenían intención de compartirlos con los americanos nativos. Pero los tiempos cambiaron y los caballos de tiro eran muy trabajadores y ayudaban a los colonos a construir una nueva nación.

El granjero y su caballo de tiro empezaban a trabajar a las seis de la mañana. Los caballos de arar trabajaban a su lado para arar la tierra y prepararla para sembrar.

El verano era el tiempo de cultivar para estos caballos. Los caballos de más experiencia a veces tienen que entrenar los de menos experiencia. Los caballos aprenden a moverse correctamente y seguir los mandatos verbales y señales del conductor. Esto es trabajar en equipo de verdad.

Durante el arado, un caballo camina en el surco formado mientras el otro camina en la tierra sin arar. Algunos caballos son mejor al caminar en el surco que otros.

En agosto, los granjeros cortan el grano y lo trillan pisando fuerte en las gavillas recién cortadas, o separando los granos más valiosos de la paja. En septiembre, los caballos llevan el grano al molino y la harina al mercado.

En el invierno, el granjero y sus caballos cargan madera para el fuego y comida para el ganado. Luego los caballos descansan hasta la siguiente primavera.

Having a Horse of Your Very Own

Does reading about these beautiful and wonderful animals make you dream of having a horse of your very own? Horses can bring fun and pleasure into your life.

Of course, you want to have the best horse in all the world-and you can,; if you give it the two most important ingredients it deserves. Love and care. You will then become inseparable.

In choosing a horse it is best to visit a riding stable where you will see many different horses and can choose which breed of horse you would like to have. They all have different dispositions. By the time they are one year old, they have developed their own personality.

A ten-year-old horse is out of its "teenage" years, and for a beginner rider this is good. You want a mature and reliable horse.

At a riding stable you can watch other children and see how they care for their horses. They feed, groom, and wash their horses, and help keep the stalls clean. You may want to borrow a horse for a while to learn how to saddle and bridle him, how to mount and dismount, how to sit properly in the saddle, and how to signal the horse to walk, trot, canter, stop, and go.

When you take full responsibility for a horse's feeding, grooming, and exercise, communication will begin with him and you will become the best of friends. You can tell him anything and everything, and he will keep your secret. He is always there for you, no matter what.

Teniendo tu propio caballo

¿Acaso la lectura sobre estos hermosos animales te ha hecho soñar en tener to propio caballo? Los caballos pueden ser muy divertidos y placenteros en tu vida.

Por supuesto, querrás tener el mejor caballo del mundo, y lo puedes, si le das los dos ingredientes más importantes que merecen. El amor y el cuidado. Entonces se volverán inseparables.

Al escoger un caballo es mejor visitar un establo de montar donde veras muchos caballos diversos y podrás escoger la raza que te gustaría tener. Todos tienen temperamentos diferentes. Para cuando tienen un año, han desarrollado su propia disposición.

Un caballo de diez años ha salido de la adolescencia; esto es bueno para un jinete primerizo. Querrás un caballo maduro y de confianza.

En el establo se puede observar a otros niños y ver cómo cuidan sus caballos. Les dan de comer, los cepillan y bañan sus caballos; ayudan también a limpiar los establos. Puedes pedir un caballo prestado por una temporada para aprender como ensillarlo, ponerle la brida, como montar y desmontar, como sentarse correctamente en la silla, como dar señales a los caballos para caminar, trotar, medio galope, pararse, y seguir adelante.

Cuando asumes la responsabilidad completa por dar de comer, acicalar y hacer ejercicio, entablan comunicación y se convertirán en mejores amigos. Puedes contarle todo y mantendrá tu secreto. Siempre estará para ti sin importarle nada.

Resources

Books

Cowboy, Robert Klausmeier (1996)

The Cowboys, Wm. H. Forbis/ Time-Life (1973)

Draft Horses, Dorothy Hinshaw Patent (1986)

Hold Your Horses, Milton Meltzer (1995)

Horse Breeds of the West, Fredie Steve Harris (1973)

Horses, Elwyn Hartley Edwards (1993)

Horses at Work, Donald Smith

Hub: Champion Cutting Horse, Robert H. Williams (1975)

The King Ranch, Toni Frissell (1975)

King Ranch Quarter Horses, Robert Moorman Denhardt (1995)

Once Upon A Horse, Suzanne Jurmain (1989)

Richard King, Wm. R. Sanford and Carol R. Green (1997)

Sam Houston, Man of Destin y, Clifford Hopewell (1987)

Using the American Quarter Horse, L. N. Sikes (1975)

The Western Horse, Photographs-David R. Stoecklein & Text by Buster McLaury (1999)

Newspaper Clippings

"Spirit of Pat Lives on at Fort Sam," News Leader (Fort Sam Houston Military Base)

Interviews

Black Stallion ownership Pierre Cuello & Family, San Antonio, Texas

The Shetland and Welsh Ponies, Cheryl Wilson, Shetland Pony Society,
   Photograph Courtesy of Bristol Pony Farms, New Ulm, Texas

Miniature Horses, Jim Storey, Fort Storey Ranch, Moody, Texas

Peruvian Horses, Peruvian Paso Horse Registry of North America, 3077 Wilijan Ct., Suite A,
   Santa Rosa, CA 95407

Ann and Charles Ward, Peruvian Paso Horses, Boerne, Texas

About the Author

Patricia Eytcheson Taylor was born in Indiana, where she inherited a love of horses from her grand mother. Even though her grandmother rode English style, Patricia preferred western pleasure riding.

Patricia and her family moved to California, but the desire and love for horses never dimmed. She had many of them throughout the years and wrote her first story on the Arabian horses back in her high school years.

After Patricia was married, she moved with her husband and young son to Texas in 1960. A daughter, Jill Diane, a true Texan, was born one year later. She inherited the love of horses from her mother, and won the High Point of all events in horsemanship in the 4-H Club in her teens in San Antonio, Texas.

Patricia wants children to know how much love and enjoyment they can get from these beautiful animals when they are loved and cared for.

Sobre la autora

Patricia Eytcheson Taylor nació en Indiana, donde heredó su amor por los caballos de su abuela. Aunque su abuela montaba al estilo inglés, Patricia prefería la equitación de placer del oeste.

Patricia y su familia se mudaron a California, pero su amor por los caballos nunca disminuyó. Ha tenido muchos a través de los años y escribió su primer cuento sobre caballos árabes en la preparatoria.

Después de casada, se mudó con su esposo e hijo a Texas en 1960. El año siguiente, nació su hija, Jill Diane, una verdadera tejana. Ella heredó el amor por los caballos de su madre; ganó el premio High Point en todos los eventos de equitación en el Club de 4-H durante su adolescencia en San Antonio, Texas.

Patricia quiere que los niños sepan cuánto amor y diversión recibirán de estos hermosos animales cuando los aman y los cuidan.

www.ingramcontent.com/pod-product-compliance
Lightning Source LLC
Chambersburg PA
CBHW042001100426
42813CB00019B/2950